... érrections: cette nouvelle, partant comme l'é-
clair, a été bien vite connues des villages environnans; les
paysans ont accouru en foule pour prendre part à un évé-
nement aussi intéressant pour eux; plus de conscription,
la paix avec les alliés! On ne se rappelle pas à Amiens une
pareille scène de bonheur. Le commandant de la place, cé-
dant à ce transport général, a seulement demandé que sa
troupe eût le tems de recevoir des ordres du gouvernement,
provisoire pour suivre ce mouvement des bons esprits.

Rouen, 7 avril.

Nous avons été, durant 6 jours, réduits à vivre de craintes
et d'espérances, toute communication avec la capitale étant
interceptée par quelques troupes de Buonaparte. Enfin, un
courrier, envoyé à une de nos maisons de commerce, a ap-
porté hier ici la nouvelle des heureux changemens qui
viennent de s'opérer à Paris. Les autorités de notre ville y
ont expédié un courrier sur-le-champ pour en apprendre tous
les détails.

PARIS, 8 avril

— Le maréchal Oudinot est arrivé aujourd'hui à Paris.
— La ville de Coulommiers a envoyé une députation

...soire; es marec taux qui
sont la gloire des armées françaises, ont abandonné sa cause
pour suivre celle de la patrie; les troupes qu'il commandait
refusent de lui obéir. Il est dans l'impuissance de nuire; il
n'a pour lui ni la puissance des lois, ni la force des armes!
Pourquoi demande-t-on encore s'il a fait une abdication
dont la France n'a pas besoin, et qui ne pourrait être utile
et bonne qu'à lui-même?

— Des lettres de l'île Saint-Domingue annoncent que depuis trois mois cette colonie est administrée au nom de
Louis XVIII, roi de France et de Navarre.

Le général Péthion (homme de couleur), qui gouverne
cette contrée, avait été envoyé aux Antilles par Buonaparte.
Lorsque ce mulâtre partit pour l'Amérique, il dit à quelques
personnes qu'on entendrait parler de lui : en effet, peu de
tems après son arrivée dans la colonie, il détruisit le parti
du nègre Christophe, qui avait succédé à l'empereur Des-
salines, et s'empara du pouvoir suprême.

Péthion a donné l'exemple à la métropole, et c'est un
mulâtre qui le premier a arboré la cocarde blanche, secoué
le joug sanguinaire d'un tyran et prêté serment de fidélité à
son souverain légitime; il a préféré plutôt obéir aux lois
paternelles d'un Bourbon que de régner lui-même.

---

solennelle de voir à l'ombre des lois refleurir la liberté publique.
Ma vie est trop avancée, mes forces sont trop affaiblies pour que
j'ose entreprendre l'esquisse d'une aussi vaste peinture; j'assemble
au hasard quelques matériaux; des mains plus fermes, plus habiles,
élèveront l'édifice.

J'ai beaucoup vécu, et j'ai, moins qu'un autre peut-être, à me
féliciter de cette faveur. L'égoïsme, ce vice odieux, dans la jeunesse
et dans l'âge mûr, à son excuse chez les vieillards : on tient d'autant
plus fortement à la vie, qu'elle est plus près de nous échapper : on
craint de dépenser pour autrui un reste de forces qui suffit à peine
pour soi : cette avarice est, à tout prendre, moins condamnable
qu'une autre; ça n'est plus un vice de l'esprit, c'est une infirmité
de l'âge; le cœur s'use comme les autres organes; la sensibilité
s'oblitère avec les sens qui la produisent; c'est le triste bienfait de
la vieillesse; mon seul regret est de n'en pas jouir au même titre que
mes contemporains, dans le moment d'une crise politique solennelle.

Au nombre des événemens que tant de secousses politiques ont
pu faire craindre, celui de l'occupation de la capitale par des armées étrangères, n'était jamais entré dans mon esprit. J'avais pour
garant de ma sécurité, treize siècles d'une possession vierge; car je
persiste à ne point voir une conquête dans la prise de Paris sous
le règne de Charles VI : les Anglais y furent appelés, introduits et
maintenus par les factions, par la démence du roi, par la perfidie
de la reine et par la proscription du Dauphin. Les autres sièges de
Paris appartiennent à l'histoire de nos discordes civiles, et sont tout-
à-fait étrangers aux succès des armées ennemies.

Il était aisé de prévoir que la France, poussée hors de toutes
limites, débordée comme un torrent sur l'Europe entière, épuisée
par d'innombrables sacrifices, écrasée par ses conquêtes, dégoûtée
de la guerre et même de la gloire; il était, dis- é
que la France était menacée d'une

CONSULTATION

SUR

LES MARIAGES CONTRACTÉS PAR LES ÉMIGRÉS.

CETTE *Consultation*, et les sept volumes de l'ouvrage de M. TOULLIER, intitulé : *Le Droit civil français ; suivant l'ordre du Code*, etc. se vendent aussi

A Paris, chez Mlle GOBELET, Libraire, rue Soufflot, près l'École de Droit ;

A Rennes, chez DUCHESNE, Libraire, rue Royale.

Le prix de la Consultation, brochée, est de 1 fr. 25 c. ; celui des 7 vol., aussi brochés, est de 5o fr.

Ceux qui acquerront la Consultation avec les 7 vol., ne payeront cette Consultation que 6o c. ; c'est-à-dire que les deux objets leur coûteront 5o fr. 6o c.

Les tomes V, VI, VII du *Droit civil* se vendent ensemble 27 fr. ; les tomes VI et VII ensemble 18 fr., et séparément, 1o fr. le tome VI, et 8 fr. le tome VII ; mais on ne fournit le cinquième volume qu'en prenant les sixième et septième. Le tome VII se sépare des autres, et se vend seul 8 fr. : on ne vend aucun des quatre premiers volumes ni ensemble ni séparément.

CONSULTATION

DE PLUSIEURS

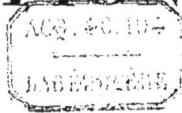

ANCIENS AVOCATS

DE RENNES,

SUR LA VALIDITÉ DES MARIAGES CONTRACTÉS PAR LES
ÉMIGRÉS FRANÇAIS AVANT LEUR RETOUR
ET LE RÉTABLISSEMENT DANS LEURS DROITS CIVILS;

Ouvrage qui peut servir de Supplément ou d'Appendice à
ce que dit le Rédacteur (M. Toullier) sur la mort civile
et sur le mariage dans le 1er volume de *son ouvrage sur
le Code Civil*, dont il paraît *sept volumes*.

———◦◦※◦◦———

PARIS,

B. WARÉE, oncle, Libraire de la Cour Royale, au Palais de Justice.

1817.

AVIS.

La Question traitée dans cette Consultation est d'une telle importance pour un si grand nombre de familles, l'arrêt échappé à la Cour de Cassation, le 16 mai 1808, peut, pendant si long-temps leur causer des inquiétudes si cruelles, et devenir la source de tant de procès fâcheux, qu'on a désiré que cette Discussion fût rendue publique par la voie de l'impression. Il a paru convenable de la publier dans le même format que l'ouvrage de M. Toullier sur le *Code Civil*, dont le 8e volume va être incessamment livré à l'impression.

CONSULTATION

DE PLUSIEURS ANCIENS AVOCATS DE RENNES,

sur la validité des Mariages contractés par les Emigrés français avant leur retour et le rétablissement dans leurs droits civils.

———

LES AVOCATS à la Cour royale de Rennes sous-signés, consultés sur les mariages contractés en pays étrangers, par les émigrés, avant leur retour en France et le rétablissement dans leurs droits civils, ainsi que sur le point de savoir si l'arrêt de la Cour de Cassation, du 16 mai 1808, qui a déclaré ces mariages nuls, a fixé la Jurisprudence; sont d'avis:

Qu'en s'attachant uniquement aux disposi-tions de la loi ancienne, aux lois intermé-diaires et aux dispositions du Code Civil, il ne paraît pas qu'on puisse raisonnablement douter que les mariages contractés dans l'étranger par les émigrés, pendant le temps qu'ils ont été considérés comme morts civilement en France, ne soient valides et ne produisent les effets civils, depuis le rappel des émigrés et leur rétablissement dans tous leurs droits, mais sans rétroaction.

Cependant il s'est élevé contre la validité de ces mariages un préjugé si fort, que les meilleurs esprits, même depuis la restauration, ont paru

1

céder au torrent, en évitant de soumettre de nouveau à un examen approfondi une question si
importante pour un si grand nombre de familles.

Ce préjugé est venu d'un arrêt rendu par la
Cour de Cassation, le 16 mai 1808, sur les conclusions de M. Merlin, qui employa toutes les ressources de son esprit et toute la force de sa dialectique, pour faire triompher son opinion, pro-
posée, à la vérité, mais rejetée au Conseil-d'Etat
dans les conférences tenues sur la rédaction du
Code Civil. Heureusement un arrêt contraire aux
principes, un arrêt solitaire ne suffit pas pour fixer
la jurisprudence, encore moins pour changer la
législation. Il suffira, pour ramener les esprits aux
vrais principes, de les développer avec clarté et
simplicité.

Nous établirons d'abord que, suivant les anciennes lois françaises, les mariages contractés par
des individus en état de mort civile étaient valables quant au lien, qu'ils étaient seulement privés
des effets civils, mais que ces effets leur étaient
rendus, lorsque les individus morts civilement
étaient rétablis dans leur premier état.

Nous établirons ensuite que les lois intermé-
diaires respectèrent ce principe ; que le texte du
Code Civil s'est en ce point conformé à l'ancienne
législation, et que l'opinion de ceux qui voulaient
introduire la nullité, *quant au lien*, des mariages

contractés pendant la mort civile, et la dissolution, aussi *quant au lien*, des mariages contractés auparavant, ne fut point admise dans les conférences tenues au Conseil-d'Etat pour la discussion du Code.

Les questions qui peuvent s'élever sur la validité et les effets des mariages contractés par des individus condamnés à une peine emportant la mort civile, furent long-temps, en France, abandonnées à la prudence des magistrats, et n'eurent d'autres règles que la jurisprudence des arrêts; mais les arrêts rendus par un parlement n'étaient point une règle obligatoire pour un autre. La déclaration donnée par Louis XIII, le 26 novembre 1639, en établit une fixe, uniforme et générale.

Après avoir, dans les premiers articles, proscrit les mariages clandestins, et prononcé des peines contre le crime de rapt, elle s'occupa (art. 5) des mariages tenus secrets et cachés pendant la vie des époux, contre le respect dû à un *si grand sacrement*, et elle déclara les enfans issus de ces mariages incapables de toutes successions, aussi bien que leur postérité.

L'article 6 prononça la même peine contre les enfans nés de femmes que les pères ont entretenues, et qu'ils épousent lorsqu'ils sont à l'extrémité de leur vie; « comme aussi, ajoute le même article, « contre les enfans procréés par ceux qui se ma-

« rient après avoir été condamnés à mort, même
« par les sentences de nos juges rendues par *dé-*
« *faut,* si, avant leur décès, *ils n'ont été remis*
« *au premier état suivant les lois* prescrites par
« nos ordonnances. »

Ainsi les mariages tenus secrets, les mariages
contractés *in extremis,* et les mariages contractés
en état de mort civile, furent mis sur la même
ligne, en ce qui concerne leur validité quant au
lien, et en ce qui concerne l'incapacité de succéder
prononcée contre les enfans qui en sont issus.

Mais cette incapacité cessait à l'égard des enfans
issus d'un mariage contracté pendant la mort civile, si, avant leur décès, les condamnés avaient
été légalement remis dans leur premier état. On
tenait pour maxime, suivant le plus exact et le
plus suivi des canonistes français (1), que « ceux
« qui sont morts civilement, ayant été condamnés,
« ou *contradictoirement ou par contumace,* à une
« peine qui emporte la mort civile, *peuvent se*
« *marier valablement.* Mais les femmes qu'ils ont
« épousées en cet état ne peuvent demander leurs
« conventions matrimoniales, ni les enfans qui
« sont nés de ces mariages, prendre part à leur
« succession. » C'est ce qu'on appelle les *effets ci-*
vils du mariage.

---

(1) D'Héricourt, Lois ecclésiastiques, part. III, ch. V, art. 2 , n. 85.

Ces mariages, dit Pothier (1), quoique *valablement contractés*, quoique subsistans quant au *lien naturel*, sont privés des *effets civils*.

C'était donc un point de législation bien constant dans l'ancienne jurisprudence française, que les mariages contractés pendant la mort civile étaient valables *quant au lien*, et que, s'ils étaient privés des effets civils, cette privation cessait par le rétablissement du condamné dans son premier état.

Si la mort civile n'empêchait pas le lien du mariage ou le contrat naturel de se former, elle n'en pouvait, à plus forte raison, rompre le lien, lorsqu'il était déjà formé. Elle opérait seulement l'extinction de la communauté conjugale, de la puissance paternelle et maritale, et des autres effets civils; elle donnait enfin *ouverture à la succession de la personne, de même que si elle était morte naturellement* (2). Mais le lien du mariage n'était rompu que par la mort naturelle (3).

---

(1) *Traité du Contrat de Mariage*, n. 433. L'auteur ajoute, n. 436, que *les enfans qui naissent de ces espèces de mariages, qui, quoique valablement contractés, n'ont pas les effets civils*, n'ont pas, à la vérité, les droits que les effets civils du mariage donnent aux enfans, tels que les droits de famille, de succession, de douaire, de légitime, etc.; mais le mariage dont ils sont nés, *étant un véritable mariage*, ils ne sont pas *bâtards*, et ils sont, en conséquence, capables d'être promus aux ordres sacrés, aux bénéfices, etc.

(2) Du Parc-Poullain, *Principes du Droit*, t. I, p. 177, n. 5.

(3) « La mort civile ne dissout point le mariage ; elle le laisse subsister

Cette doctrine du mariage, valable quant au lien, quoique privé des effets civils, dérive de la nature même du mariage, que nos anciens juris-consultes avaient parfaitement bien observée. Le mariage est le premier et le plus important des contrats : il est antérieur à l'état civil, et aussi ancien que le genre humain. C'est ce contrat qui forme un lien si intime entre l'homme et la femme, qu'on appelle le *contrat naturel* du mariage, parce qu'il existait avant l'établissement des sociétés, et dans l'état qu'on a nommé *l'état de nature*. En instituant ce contrat, l'Auteur de la nature le donna aux hommes comme un lien indissoluble ; et si, dans la suite, Moïse permit le divorce aux Juifs, ce fut à cause de la dépravation de leur cœur : *Propter duritiam cordis vestri*. Il en était autrement dans le principe : *Ab initio autem non fuit sic*.

Les nations païennes les plus éclairées regardèrent le mariage comme indissoluble dans son principe, au moins dans le vœu de la loi et des contractans : *Individuam vitæ consuetudinem con-*

« *quant au lien*. Quand il (le mari) aurait été condamné à être roué et « exécuté par effigie, disait Le Maître plaidant pour Jarlet, l'appelante au-. « rait-elle pu se remarier ? Le lien du mariage, qui joint réellement et « naturellement un mari et une femme, se peut-il rompre sans aucun em-« pêchement de droit, autrement que par une mort naturelle ? » M. Merlin, *Répertoire de Jurisprudence*, V. *Mariage*, fol. 38, col. B; troisième édition.

tinens. Instit. § I , *de patriá Potestate;* consor-
tium omnis vitæ , l. I, ff. *de Nupt.*

En se formant en sociétés régulières , les peuples
ne changèrent point la nature de ce contrat pri-
mitif. Leurs lois civiles établirent seulement des
règles fixes sur les conditions nécessaires pour la
validité du mariage et sur la capacité des contractans. Elles y ajoutèrent certains effets qui ne doivent leur existence qu'au droit civil , et que , par
cette raison, on appelle *effets civils* du mariage :
tels sont , pour les enfans , le droit de succéder ,
non-seulement à leurs père et mère , mais encore
à tous les parens de ces derniers ; tels sont, pour
l'épouse , le droit de communauté , c'est-à-dire
le droit de participer, pour une moitié, aux biens
acquis pendant le mariage ; et autrefois le douaire
et les autres avantages que lui assuraient les Coutumes de chaque province ; la confirmation de
toutes les conventions matrimoniales en faveur de
l'un et l'autre des époux ; la puissance paternelle
et maritale, etc. *Voyez Pothier, Traité du Contrat
Mariage ,* n° 396.

Voilà donc déjà deux choses bien différentes à
distinguer dans le mariage : 1° le contrat naturel
qui en forme le lien , et qui existait avant l'établissement des sociétés.

2.° Les effets civils que le droit civil de chaque
nation y ajoute comme accessoires, qui varient sui-

vant les lois particulières des différens peuples ; qui peuvent varier, et qui varient en effet chez le même peuple, lorsqu'il change sa législation.

3.° Enfin, Jésus-Christ sanctifia le mariage dans la loi nouvelle, en l'élevant à la dignité de sacrement ; sacrement qui produit des effets spirituels, et qui consacre le contrat naturel, mais qui ne peut exister sans lui. C'est encore un accessoire qu'on peut séparer du contrat, et qui l'est même toujours dans les mariages des non-catholiques, parce qu'ils ne reconnaissent point le sacrement de mariage.

Le contrat naturel, tel qu'il est réglé par la loi civile, est donc la base nécessaire des droits civils et du sacrement, lequel ne saurait exister sans lui. Il est, disent les docteurs (1), la matière du sacrement.

Ainsi, lorsqu'un jugement prononçait la nullité du mariage contracté par des mineurs sans le consentement de leurs pères et mères, il ne rompait pas le lien, ou le contrat naturel du mariage, qu'on ne pouvait dissoudre, lorsqu'il avait été valablement contracté, mais il déclarait que ce contrat n'avait point existé, parce que le mineur est incapable de former un pareil contrat sans le consentement de ses père et mère.

---

(1) Pothier, *du Contrat de Mariage*, n. 12. Sanchez, *de Matrimonio*, lib. II, disp. 4.

Or, si le contrat n'avait jamais existé, le sacrement n'avait pu également exister faute de matière, et les effets civils s'évanouissaient avec la cause dont la réalité pouvait seule leur donner l'existence. Les deux parties étaient libres de se remarier : rien ne survivait au jugement qui déclarait le mariage nul.

Mais, lorsque le contrat naturel du mariage avait existé, lorsqu'il n'était pas nul, faute des conditions nécessaires ou exigées pour sa validité, lorsque seulement les époux, ou l'un d'eux, avaient désobéi ou contrevenu à quelque disposition réglementaire, dont l'inobservation n'emportait pas la nullité du mariage, la loi, qui avait attaché à ce contrat certains effets civils, *ouvrage de ses mains seules,* pouvait les en détacher, et le priver de tous les effets civils ou seulement de quelques-uns d'entre eux, pour punir les époux et leur postérité de leur désobéissance ; c'est ce que fit l'ordonnance de 1639, en trois cas différens :

1.º Les lois voulaient que les mariages fussent célébrés publiquement; cependant quelques personnes, pour se soustraire à la honte ou au ridicule de certains mariages inégaux ou mal assortis, prenaient le parti de les tenir secrets et cachés pendant leur vie. Pour les en punir et prévenir de pareils scandales, l'ordonnance de 1639 déclara (art. 5) les enfans qui naîtraient de ces mariages, *qui ressentent plutôt la honte d'un concubinage que la dignité d'un mariage, incapables de toutes successions, ainsi que leur postérité.*

Si la privation des effets civils était prononcée contre les enfans, quoique innocens de la faute de leurs parens, elle s'étendait, à plus forte raison, à ceux-ci, comme l'observe très-bien Pothier, n° 428.

2.° L'article VI de la même loi, et l'édit du mois de mars 1697, prononcèrent encore la privation des effets civils contre les mariages contractés *in extremis*, c'est-à-dire, que contractent à l'extrémité de la vie des personnes qui ont vécu dans un état de concubinage. Cette privation avait lieu, quoique ces mariages fussent célébrés publiquement et en face d'Eglise, et qu'ils fussent par conséquent valablement contractés.

Voilà donc des mariages reconnus *valablement contractés*, comme dit Pothier, n° 429, et auxquels cependant la loi refuse les effets civils qu'elle avait attachés au contrat naturel qui forme le lien du mariage. Elle en détache ces effets pour punir la désobéissance des époux, et pour détourner les citoyens de l'envie de les imiter.

3.° Enfin, la privation des effets civils est prononcée par la même loi contre les mariages contractés pendant la mort civile, lorsque les condamnés n'ont pas été rétablis dans leur premier état.

Cette privation a été abrogée par les lois nou-
velles à l'égard des mariages tenus secrets ou contractés *in extremis.* Ces mariages sont aujourd'hui
non seulement valables quant au lien, mais ils
produisent les mêmes effets civils que les autres
mariages légalement contractés.

Il en est autrement des mariages contractés par
des personnes en état de mort civile : ils conti-
nuent d'être valables quant au lien ; mais aussi,
de même que sous l'empire de l'ordonnance de
1697, ils demeurent privés des effets civils. La
mort civile n'empêche pas le lien du contrat naturel de se former, comme elle ne dissout pas le lien
déjà formé, *si ce n'est quant à tous ses effets civils.* Art. 25, Code Civil.

Ce principe fut respecté même par la Convention nationale dans ses plus grands écarts. La loi
du 20 septembre 1792, § 1, art. 4, mit l'émigration au nombre des causes du divorce. Il est vrai
qu'à cette époque les émigrés n'étaient point encore frappés de mort civile ; ils ne le furent que
par la loi du 23 octobre suivant, qui les bannit à
perpétuité, et encore par la loi du 28 mars 1793.

Mais la loi du 24 vendémiaire an 3 (15 octobre 1794), ordonna que celui des époux qui
demanderait le divorce pour cause d'émigration
serait dispensé d'assigner l'autre au dernier domicile, et que le divorce serait prononcé sans aucune

citation, en établissant par un acte authentique ou de notoriété publique que son époux est émigré.

La Convention reconnaissait donc que la mort civile prononcée contre les émigrés ne rompait pas le lien du mariage, puisqu'elle croyait le divorce nécessaire pour le dissoudre; par conséquent, la mort civile n'empêchait pas ce lien de se former. Cette loi était encore en pleine vigueur lors de la promulgation du Code.

Il est donc certain, comme l'enseigne M. Merlin (1) qui nous fournit des armes pour le combattre, qu'*avant le Code* les liens du mariage n'étaient pas plus rompus de plein droit par l'émigration du mari que par la condamnation judiciaire à une peine emportant la mort civile, *et ce qui le prouve sans réplique, c'est que l'émigration était rangée par la loi au nombre des causes déterminées du divorce.*

Il est certain « qu'avant le Code, la loi distin-
« guait dans le mariage deux choses : le contrat qui
« était formé par le consentement des parties, et
« les effets civils qui en découlaient.

« Le contrat tenait uniquement *au droit des*
« *gens;* et de même qu'un contrat ordinaire n'est
« point dissous par la condamnation à une peine

_____

(1) Questions de droit, *verbo* Emigré, § III.

« emportant la mort civile de l'une des parties qui
« l'ont souscrit, de même aussi, avant le Code, le
« contrat de mariage ne l'était point de plein droit
« par son émigration.

« Il en était autrement des effets *purement civils*
« du mariage. La loi ne reconnaissant plus pour ci-
« toyen le mari qui était mort à ses yeux, ne
« pouvait plus le faire participer aux prérogatives,
« aux avantages qu'elle avait seule introduits, et
« qui étaient, pour ainsi dire, *l'ouvrage de ses*
« *mains seules.* »

Il est donc avoué, il est donc enseigné par le savant adversaire que nous combattons, que l'ancienne doctrine, reconnue et respectée par les loís
du 20 septembre 1792 et du 14 vendémiaire an 3,
demeura en pleine vigueur jusqu'à la promulgation du Code. Voyons si le texte ou l'esprit de cette
loi s'en sont écartés.

L'article 25 porte que « l'individu frappé de
« mort civile est incapable de contracter un ma-
« riage qui produise *aucun effet civil.* Que le ma-
« riage qu'il avait contracté avant la mort civile,
« est dissous *quant à tous ses effets civils.* »

Les suites de cette dissolution, suivant le même
article, sont que l'époux et les héritiers de la personne frappée de mort civile peuvent exercer res-
pectivement les droits et actions *auxquels sa mort*

naturelle donnerait ouverture; enfin, que sa succession est ouverte *de la même manière que s'il
était mort naturellement.*

Tels étaient aussi, dans l'ancienne législation,
les effets de la mort civile relativement au mariage;
et pour les rendre, on remarque que le Code a, pour
ainsi dire, employé les mêmes expressions dont se
sert Duparc-Poullain que nous avons cité plus haut.
Ainsi, quand le Code dit que le mariage contracté
pendant la mort civile ne peut produire *aucun effet civil*, que le mariage contracté auparavant
est dissous *quant à tous ses effets civils*, on ne
peut s'empêcher d'en conclure que, loin de s'écar-
ter de l'ancienne doctrine qui déclarait ce mariage
valable quant au lien, de la doctrine suivie par les
lois en vigueur au moment de sa promulgation, le
Code a voulu au contraire consacrer cette même
doctrine. C'est la conséquence naturelle de ses expressions auxquelles il ne serait pas raisonnable de
donner un autre sens que celui qu'y ont toujours
donné l'usage et les auteurs.

Voyons si c'est ainsi que l'ont entendu les rédac-
teurs du Code et les membres du Conseil-d'Etat,
qui discutèrent et adoptèrent la rédaction de l'article 25.

Le premier projet discuté dans la séance du
16 thermidor an 9 portait :

« Les effets de la mort civile seront la dissolu-
« tion *du contrat civil du mariage*, l'incapacité
« d'en contracter un nouveau. »

Le ministre de la justice dit, page 62, que la
mort civile de l'un des époux ne doit ôter au mariage que *ses effets civils*, qu'elle ne peut détruire
le *contrat naturel*, etc.

Cette opinion occasiona des débats; elle fut sou-
tenue par Bonaparte, alors premier consul, qui
observa que ces expressions *la dissolution du contrat civil du mariage* semblaient supposer qu'*aux
yeux de la loi il reste encore quelque chose après
la dissolution du contrat civil, et qu'elles paraissent préjuger la question de légitimité des enfans.*
Ce raisonnement était juste et conforme aux principes que nous venons d'exposer.

On lui répondit qu'il reste le *contrat naturel* et
le *lien religieux;* qu'on avait employé cette ex-
pression *du contrat civil du mariage, pour faire
taire les scrupules des consciences;* que cette ex-
pression prouve qu'on ne veut offenser aucun
culte ; que la loi étant faite pour un peuple chez
lequel existent déjà diverses opinions formées, et
admettant divers cultes, il faut qu'elle parle de
manière à n'en choquer aucun.

Ceux qui désiraient introduire un droit nouveau, et faire ériger en disposition législative que la
mort civile rompt le lien du mariage, proposèrent,

dans la séance du 24 thermidor an 9, d'ajouter à la rédaction qui forme aujourd'hui l'article 25 du Code, une disposition finale qui abrogeait nettement le droit ancien. Après la disposition qui porte que le condamné « est incapable de contracter un « mariage qui produise *aucun effet civil;* que le « mariage qu'il avait précédemment contracté est « dissous *quant à tous ses effets civils ;* que son « époux et ses héritiers peuvent exercer respecti-« vement les droits et les actions auxquels la mort « naturelle donne ouverture, »

Ils proposaient d'ajouter : *l'autre époux est libre de contracter un nouveau mariage.*

Cette addition, qui tranchait nettement la question, éprouva une vive opposition de la part de ceux qui restaient attachés aux anciens principes, et qui pensaient que la mort civile n'empêche point le contrat naturel de se former, et ne rompt point *le lien* du mariage précédement contracté. Ils dirent que si la loi ne déclare le mariage dissous que quant *à ses effets civils,* et non absolument, on ne peut pas déclarer l'autre époux libre de contracter un nouveau mariage. Il y avait en effet contradiction entre ces deux dispositions. Le ministre de la justice persista à soutenir que le mariage *ne peut être dissous* par la mort civile de l'une des parties, etc.

M. Tronchet répondit que la loi ne voyant dans

le mariage qu'un contrat civil (en cela il se trompait), elle doit dire qu'il est dissous à ses yeux par la mort civile de l'un des époux, et que, par une suite nécessaire, elle doit ajouter qu'elle regarde l'autre époux comme libre de former un nouveau contrat, en abandonnant à sa conscience le soin de juger s'il se croit dégagé sous d'autres rapports.

Néanmoins M. Tronchet, voyant que son opinion n'était point admise par le conseil, consentit à retrancher cette phrase additionnelle qui abrogeait l'ancien droit : *L'autre époux est libre de contracter un nouveau mariage.*

La rédaction resta telle qu'elle existe dans le Code : L'individu mort civilement *est incapable de contracter un mariage qui produise aucun effet civil.*

« Le mariage qu'il avait contracté précédemment « est dissous , *quant à ses effets civils.* »

Rédaction dont la conséquence naturelle est que le Code adopte les anciens principes restés en vigueur jusqu'au moment de sa promulgation, que les seuls *effets civils* du mariage sont dissous , que le *contrat naturel,* qui en forme le lien, survit à la mort civile, et qu'elle ne l'empêche point de se former.

C'est aussi de cette manière que le Ministre de

la justice, qui avait si victorieusement défendu l'ancienne doctrine devant le Conseil-d'Etat, entendit les dispositions du Code après sa promulgation. Un sieur Devesvrotte, qui s'était marié pendant son émigration, étant rentré en France et amnistié, conçut des inquiétudes sur l'état de son épouse et de ses enfans. En l'an XII, il consulta le Ministre de la justice sur la conduite qu'il avait à tenir pour assurer leur état. Le Ministre lui répondit, le 5 germinal an XII (1) :

« Vous exposez que vous avez contracté un ma-
« riage *pendant votre émigration*, et vous de-
« mandez ce que vous devez faire *pour assu-*
« *rer à votre épouse* et à vos enfans les droits qui
« résultent de cet engagement. Le Code vous trace
« la marche que vous devez suivre (art. 17) (2).
« S'il n'y a pas encore trois mois que vous êtes
« rentré en France, vous devez transcrire la cé-
« lébration de votre mariage sur le registre public
« des mariages du lieu de votre résidence; si ce
« délai est écoulé, vous devez vous pourvoir de-

---

(1) Cette lettre est rapportée dans le *Répertoire de Jurisprudence*, *verbo* du Mariage, sect. III, § 1.

(2) Voici le texte de cet article : « Dans les trois mois, après le retour « du Français sur le territoire de la République, l'acte de célébration du « mariage contracté en pays étranger sera transcrit sur le registre public « des mariages du lieu de son domicile. »

« vant le tribunal de première instance, pour ob-
« tenir un jugement qui ordonne cette transcrip-
« tion (1). »

Il est bien évident, par cette réponse, que le
Ministre de la justice était persuadé, 1° que le
mariage contracté par le sieur Devesvrotte, pendant sa mort civile, était valable quant au lien ;
2° que le rétablissement de celui-ci dans ses
droits civils ou dans son premier état, rendait à
son mariage les effets civils dont il était privé, en
France, pendant la mort civile.

Si le Ministre n'avait pas été bien convaincu de

---

(1) M. Merlin ayant eu connaissance de cette lettre, en écrivit au Ministre, qui lui répondit, le 25 novembre 1806, en lui envoyant copie de
la lettre au sieur Devesvrotte. « Vous y verrez, disait-il, que j'ai indiqué
« au sieur Devesvrotte les articles du Code qui fixent la manière dont
« on doit faire insérer en France, sur les registres de l'Etat civil, les
« mariages contractés dans l'étranger. Je ne me suis point occupé de la
« validité d'un pareil mariage ; cela regarde les tribunaux. »

Ce fragment de lettre est rapporté par M. Merlin *ubi suprà*. Il le rap-
porte pour essayer de détruire la forte impression que produit la réponse
au sieur Devesvrotte. On ne voit point ce que M. Merlin avait écrit au
Ministre. Il paraît qu'il avait voulu lui faire naître des doutes sur la validité du Mariage des émigrés. Mais, sans déroger à l'opinion qu'il avait sou-
tenue au Conseil-d'Etat, et dans laquelle sa réponse au sieur Devesvrotte
annonce qu'il persistait, le Ministre se borne à répondre à M. Merlin ce
qu'il devait répondre, et ce qui est très-vrai. « C'est au tribunaux à juger
« de la validité d'un mariage : je me suis borné à citer les articles du Code. »
Mais en est-il moins vrai que sa réponse à M. Devesvrotte annonce que
son opinion était que les mariages des émigrés sont valides ? Il ne ré-
tracte point cette opinion ; il se garde bien, dans sa lettre à M. Merlin,
que nous ne voyons pas entière, de rien dire d'où l'on puisse induire qu'il
en a changé.

ces deux vérités, il n'eût pas manqué de répondre au sieur Devesvrotte : *Le mariage que vous avez contracté pendant votre émigration est nul, suivant les lois françaises ; ce n'est qu'en le renouvelant dans les formes légales que vous pouvez assurer l'état de votre épouse et de vos enfans ;* car on voit, par la lettre du Ministre, que l'épouse était vivante. La réponse qu'il fit au sieur Devesvrotte eût été un véritable piége, s'il n'avait pas cru que le mariage contracté pendant l'émigration était valide.

Ainsi, lois anciennes, lois intermédiaires, discussions du Code devant le Conseil-d'Etat, texte et esprit du Code, interprétation du Code par le Ministre qui avait assisté à la discussion et soutenu l'ancienne doctrine, tout s'accorde à prouver que le Code a confirmé et adopté cette doctrine, fondée sur la nature même du mariage.

Il n'a point exprimé, à la vérité, comme l'ordonnance de 1639, que le mariage contracté pendant la mort civile produit les effets civils par le rétablissement du condamné dans son premier état ; mais il n'était pas besoin de l'exprimer. Les effets civils attachés à un mariage valable aux yeux de la loi, à un mariage qui n'était privé de ces effets que par une cause accidentelle, sont une suite nécessaire du rétablissement dans son premier état de celui qui avait contracté ce mariage. Cette pri-

vation accidentelle cesse et doit cesser avec sa
cause, au moins pour l'avenir, et sans retour pour
le passé. On ne saurait, dans un pays où les mariages qu'on nomme de la main gauche ne sont pas
connus, concevoir qu'un homme et une femme
portent publiquement le titre honorable d'époux
légitimes, que la loi reconnaisse la légitimité de
leur union, sans qu'elle produise les effets civils
qui y sont attachés, lorsque la cause qui l'en pri-
vait a cessé.

Ces raisons acquièrent un poids immense quand
on les applique aux mariages contractés dans l'é-
tranger pendant l'émigration. C'est une maxime
du droit des gens universellement reconnue, que
la mort civile demeure concentrée dans les limites
de la souveraineté où elle a été prononcée, parce
que les jugemens civils ou criminels n'ont d'effet
que dans le territoire de la souveraineté où ils ont
été rendus. Cette maxime s'applique surtout à la
mort civile encourue pour fait d'émigration.
M. Merlin, car il nous fournit souvent des armes
pour le combattre, M. Merlin établit avec beaucoup de force ce point de doctrine, et le fit consacrer par un arrêt de la Cour de Cassation du 1er
janvier 1806, rapporté dans son *Répertoire*, verbo
Jugement, § 8.

« Quand nous admettrions, dit-il dans ses
« conclusions, que la mort civile encourue par

« condamnation étend ses effets partout, quelle
« conséquence pourrait-on en tirer relativement
« à la mort civile encourue par le seul fait d'émi-
« gration ? Que toutes les nations s'accordent à
« regarder comme mort civilement celui qui l'est
« dans son domicile par vœux solennels, ou par
« condamnation pour crime attentatoire à la sû-
« reté générale du genre humain, cela se conçoit ;
« leur intérêt le veut ainsi, ou du moins n'est pas
« blessé. Mais quelle raison y aurait-il pour une
« nation de traiter comme mort civilement
« l'homme qui ne serait réputé tel dans son pays,
« que pour l'avoir abandonné, et avoir préféré
« un sol étranger à son sol natal ? Bien évidem-
« ment, en le traitant comme mort civilement,
« elle agirait contre ses propres intérêts, qui ten-
« dent toujours, ou presque toujours, à appeler
« dans son sein l'industrie, l'argent, et par con-
« séquent la population des contrées voisines.
« Aussi n'avons-nous traité comme tels, ni les
« Anglais, ni les Irlandais qui, venus en France
« à la suite de Jacques II, avaient, par cela
« seul, encouru la mort civile dans leur patrie,
« ni les Bataves qui, en 1787, s'étaient réfugiés
« parmi nous, etc. (1). »

---

(1) On pourrait ajouter ni les Espagnols actuellement réfugiés en
France.

De là, M. Merlin conclut avec raison que les Français émigrés conservaient, dans les pays où ils se réfugièrent, le droit de s'engager valablement, et de faire entre eux tous les actes de la vie civile dans la nouvelle patrie, dans le nouveau domicile qu'ils s'étaient choisi; que les jugemens rendus entre eux par les juges de ce nouveau domicile conservaient en France l'autorité de la chose jugée, et y étaient exécutoires en vertu d'une simple permission du juge. C'est ce que décida l'arrêt de la Cour de Cassation, du 7 janvier 1806, dont les motifs sont remarquables.

« Attendu, sur le premier moyen, que les émi-« grés français *n'étaient réputés morts civilement* « *que relativement à la France; qu'ainsi les* « *peines prononcées contre eux en France ne s'op-* « *posaient pas à ce qu'ils estassent en jugement* « *dans les pays étrangers, etc.* »

Ce principe fut de nouveau consacré par la même Cour dans un arrêt du 16 janvier 1807, dont les considérans portent : « Attendu que Du « Tertre père, étant decédé dans un pays étran-« ger *où il n'était pas mort civilement*, ses en-« fans ont été valablement ses héritiers, etc. » V. *Sirey*, an 1807, p. 127.

C'est donc un principe constant, un principe reconnu, proclamé par la Cour de Cassassion, que *les émigrés français n'étaient pas morts civile-*

ment dans les pays où ils étaient allés demeurer.

Cela posé, ils pouvaient y contracter un mariage valable en suivant les formes du pays; la mort civile, encourue en France, ne pouvait les en rendre incapables, par cela même qu'ils n'étaient pas morts civilement dans leur nouveau domicile. *Si les peines prononcées contre eux en France ne s'opposaient pas à ce qu'ils estassent en jugement dans les pays étrangers*, à ce qu'ils fissent des acquisitions, des échanges, des sociétés, etc., les mêmes peines ne pouvaient s'opposer à ce qu'ils contractassent des mariages.

Il serait même contre toute raison de prétendre, par exemple, que le bannissement à perpétuité qui entraînait la mort civile, condamnât les bannis à un célibat perpétuel, et les réduisît à ne pouvoir se marier légitimement dans la nouvelle patrie qu'ils choisissaient : aussi n'a-t-on pas élevé cette prétention. Les mariages contractés par des émigrés dans le nouveau domicile qu'ils avaient choisi en attendant la fin de la tourmente révolutionnaire, y jouissaient de tous les effets civils, de tous les honneurs attachés au plus respectable des engagemens. Le mari y jouissait des droits de puissance maritale et paternelle; la femme, des droits attachés au titre d'épouse légitime; les enfans, des droits de famille que donne la légitimité. Personne n'eût osé contester ces droits aux uns ou aux autres pendant leur demeure en pays étranger. Ils étaient époux, enfans légitimes dans tout le reste de l'Europe, dans tout le reste du monde; et lorsqu'ils reviennent dans leur patrie avec le Souverain légitime, au sort duquel ils s'étaient attachés, pour l'amour duquel ils étaient exilés, lorsque cette vie civile, que leur avait injustement ôtée la faction qui les avait bannis, leur est enfin rendue, ils perdraient néanmoins leur état et tous les droits qui le constituent; leurs mariages, quoique célébrés suivant les lois (1) du lieu où ils ont été contractés, quoique élevés à la dignité de sacrement par la bénédiction ecclésiastique, cette union sainte, cette union indissoluble aux yeux de la loi et de la religion n'en perdrait pas moins toute sa force. L'un des époux, devenu volage, pourrait quitter l'autre et contracter un nouvel engagement; les enfans ne seraient plus que des bâtards, sans parens, sans famille, qui ne pourraient pas même succéder à leurs père et mère. Quel horrible renversement d'idées et de principes!

Sans doute en revenant dans leur ancienne patrie, les émigrés n'y doivent pas porter le trouble, ni prétendre aux droits échus avant leur retour à la vie civile, ces droits sont irrévocablement ac-

---

(1) Art. 170 du Code Civil. « Le mariage contracté en pays étranger, « entre Français, et entre Français et étranger, sera valide, s'il a été cé- « lébré dans les formes usitées dans le pays, etc. ».

quis à ceux qui les ont recueillis. La justice et la
paix de la société l'exigent. C'est ainsi qu'on l'a
jugé dans tous les temps (1).

Mais, quant aux droits inhérens à la personne et
qui constituent l'état des hommes en société, les
qualités d'époux ou d'enfans légitimes et tous les
droits qui y sont attachés, il serait de la plus ré-
voltante injustice d'en dépouiller sans nécessité
ceux qui les ont acquis légitimement pendant leur
exil. Il est évident que, du moment qu'ils sont rendus à la vie civile, ils doivent en jouir en France
comme ils en jouissaient chez l'étranger, mais sans
retour sur le passé, sans préjudicier aux droits acquis à des tiers.

C'est aussi ce que veut la sage ordonnance du 21
août 1814, par laquelle « afin de ne laisser aux
« tribunaux et aux corps administratifs aucun
« doute sur l'*état des personnes*, et réserver spé-
« cialement le droit des tiers qui, en aucun cas,
« *ne doit être compromis*, »

Sa Majesté déclare que toutes les inscriptions
sur les listes d'émigrés encore subsistantes sont et
demeurent abolies, à compter du jour de la publication de la Charte constitutionnelle, et qu'en conséquence tous les Français qui *auraient été*, ou se-

---

(1) V. l'arrêt rendu le 14 octobre 1659, par le parlement de Bretagne,
sur les plaidoieries de notre savant Hevin, et rapporté par Du Parc-Poullain, sur l'article 610 de la Coutume de Bretagne, n. 7.

raient *encore* inscrits sur les listes d'émigrés, exer-
cent les droits politiques, *et jouissent des droits
civils attachés à la qualité de citoyen*, sous la ré-
serve expresse des droits *acquis à d'autres, et
sans y préjudicier.*

Au nombre des droits civils attachés à la qualité
de citoyen, dont jouissent les émigrés depuis leur
rétablissement, sont, sans contredit, et au premier
rang, les droits d'époux et de père, les droits d'enfans légitimes, les droits attachés à la légitimité, les
droits de succéder et autres droits de famille, etc.
L'ordonnance ne distingue pas entre les émigrés
rentrés qui avaient acquis ces droits avant ou pendant leur exil. Comment donc, après une disposition aussi positive, est-il resté des traces si pro-
fondes du préjugé que l'arrêt du 16 mai 1808 avait
élevé dans les esprits contre la validité et les effets
des mariages contractés par les émigrés avant leur
retour à la vie civile ? Pour achever de déraciner
ce préjugé, il suffira d'examiner les motifs de cet
arrêt dont voici l'espèce.

Le sieur Griffon, émigré, épousa, le 16 mars
1796, la demoiselle Marotte, d'Yeneux dans la
Belgique, mais qui avait émigré, ainsi que lui,
et qui était allée demeurer avec sa mère à Wittemberg. Le mariage fut célébré devant le curé
de cette ville, où demeuraient les deux parties,
avec toutes les formalités requises pour sa validité.

La demoiselle Marotte quitta son mari pour reve-
nir dans la Belgique, où elle fut traduite devant une
commission militaire, comme émigrée rentrée; mais
elle fut acquittée. Elle écrivit plusieurs lettres au
sieur Griffon, toujours sous la qualité d'épouse.
Enfin Griffon fut amnistié, et fit transcrire l'acte
de son mariage sur les registres de l'état civil; il
voulut prendre l'administration des biens de son
épouse qui le fit alors citer devant le tribunal civil
de Liége, pour voir déclarer son mariage nul,
comme contracté pendant la mort civile. Le tribunal rejeta sa demande, et la cour d'appel de Liége
confirma le jugement par les motifs que les parties se sont mariées devant le curé de Wittemberg,
où elles demeuraient, et que toutes les formalités
requises dans ce pays pour la val dité des mariages
ont été observées; qu'ainsi Griffon avait légitimement acquis la qualité de mari de l'appelante... Attendu que le sénatus-consulte du 6 floréal an 10,
en permettant aux émigrés de rentrer en France,
et en leur restituant tous les droits de citoyen, doit
nécessairement les admettre à se représenter dans
leur ancienne patrie avec toutes les qualités et tous
les pouvoirs qu'ils avaient valablement acquis ailleurs, pourvu que ces qualités ne soient pas en opposition avec les lois existantes au temps de la rentrée; qu'il s'ensuit que l'intimé, en obtenant la permission de rentrer en France, a également reçu la

faculté de s'y présenter avec la qualité de mari qu'il avait acquise; attendu que les effets de la mort civile dont les émigrés avaient été frappés pendant leur absence, ne peuvent s'appliquer qu'à l'exercice des droits politiques ou purement civils... Qu'il serait contraire aux principes d'en inférer que ces émigrés auraient été incapables de consentir ailleurs qu'en France, des conventions fondées sur le droit de la nature et des gens, tels que sont les contrats de mariage, etc. etc.; déclare le mariage bon et valable, etc.

Cet arrêt était conforme aux vrais principes et à la raison; il était conforme aux dispositions de la déclaration de 1639, qui regardait les mariages contractés pendant la mort civile comme valables quant au lien, et qui leur rendait même les effets civils lorsque la mort civile avait cessé. Cependant la demoiselle Marotte se pourvut en cassation.

M. Merlin était alors procureur général. Il était resté fortement attaché à l'opinion de ceux qui pensaient que la mort civile doit rompre le lien du mariage précédemment contracté, et empêcher d'en contracter un qui soit valable, même *quant au lien.* Il porta la parole en cette affaire, et il employa toute la sagacité de son esprit, toutes les ressources de sa dialectique et de son profond savoir pour faire triompher son opinion : ses efforts fu-

rent suivis du succès. Examinons ses motifs et ses
raisonnemens.

Il posa quatre questions : 1° le sieur Griffon
était-il, pendant l'émigration, en état de mort civile ? 2° S'il était dans cet état, le mariage qu'il
contracta est-il nul aux yeux de la loi civile ? 3° Si
ce mariage était nul dans son principe, a-t-il été
validé par l'amnistie du sieur Griffon et de la demoiselle Marotte ? 4° A-t-il été validé par la recon-
naissance de la qualité d'épouse faite par la demoiselle Marotte depuis sa rentrée en France ?

Il est inutile de s'occuper ici de la première et
de la quatrième question. Sur la deuxième, M. Merlin convenait que le mariage de la demoiselle Marotte, contracté avant la promulgation du Code,
devait être jugé d'après les lois anciennes ; il convenait encore que le mariage, *quant à ses effets
purement naturels*, était rangé parmi les contrats
du droit des gens ; mais il soutenait que le mariage,
par rapport *à ses effets civils*, était autrefois, comme
aujourd'hui, considéré comme un contrat du droit
civil. Pour le prouver, il invoqua les lois romaines
qui défendaient à un citoyen romain d'épouser
une étrangère. Il avouait que ces lois n'étaient pas
suivies en Europe, et qu'il y avait en France des
lois qui permettaient aux Français d'épouser des
étrangères, mais non pas, disait-il, une personne
morte civilement. On ne voit pas sur quoi il éta-

blissait cette restriction, manifestement mal fondée,
puisque la mort civile ne suivait point le Français
en pays étranger ; et puisqu'en France même, suivant la déclaration de 1639, le mariage contracté
par une personne morte civilement était valide
quant au lien, et produisait les effets civils par le
rétablissement du condamné dans son premier
état.

M. Merlin cita encore l'article de cette déclaration qui exclut de toute succession, comme incapables de succéder, les enfans procréés par ceux qui
se marient après avoir été condamnés à mort, même
par défaut ; et joignant à cette loi d'anciens arrêts
antérieurs, par lesquels des femmes qui avaient
épousé des hommes condamnés au bannissement
avaient été privées des droits de communauté, il
en conclut que, dans *l'ancienne jurisprudence,*
« le mariage contracté par un homme mort civi-
« lement n'était pas seulement *nul* quant aux en-
« fans qui en naissent et qui ne peuvent succéder,
« mais quant aux époux eux-mêmes, et qu'il ne
« produisait en faveur de ceux-ci aucun des effets
« que la loi civile attache à l'union conjugale. »

C'était changer l'état de la question. Il est certain que les mariages contractés pendant la mort
civile étaient privés des *effets civils,* tant à l'égard
des époux que des enfans ; mais étaient-ils nuls
quant au lien ?

M. Merlin fut forcé de convenir qu'ils étaient valables; il avouait « que, dans l'ancienne jurispru-
« dence, le mariage contracté en état de mort civile
« était du moins valable en ce sens que, tant que
« vivaient les deux époux, ni l'un ni l'autre ne
« pouvaient contracter un second mariage avec
« une personne tierce (1). »

« *Le fait est vrai*, dit-il (2); comment donc
« répondre à cette objection accablante?

« C'est, poursuivit-il, parce que dans notre an-
« cien droit le mariage était considéré par la loi
« civile elle-même sous deux rapports distincts,
« comme *sacrement*, et comme contrat; c'est
« parce qu'elle n'annulait que comme *contrat*, et
« qu'elle laissait subsister comme *sacrement* le
« mariage formé entre deux personnes dont l'une
« était morte civilement.

« Mais, aux yeux de nos lois actuelles, le ma-
« riage est-il encore un sacrement? Non, ou du
« moins ce n'est plus comme sacrement qu'elles

---

(1) M. Merlin dit encore dans le *Répertoire*, verbo *Mariage*, sect. II,
§ 1, n. 6.

« La mort civile ne dissout point le mariage ; elle le laisse subsister
« quant au lien. Quand il aurait été condamné à être roué et exécuté
« par effigie (disait Le Maître plaidant pour Sarlet), l'appelante aurait-elle
« pu se remarier? Le lien du mariage, qui joint réellement et naturelle-
« ment un mari et une femme, se peut-il rompre sans aucun empêche-
« ment de droit, autrement que par une mort naturelle, etc. »

(2) V. le *Répertoire*, *ib.*, sect. III, § 1, fol. 38.

« l'envisagent... La loi ne considère le mariage
« que comme un *contrat civil*, dit l'Acte constitu-
« tionnel de septembre 1791, titre 2, art. 7.

« Ainsi, dans l'état actuel de notre législation,
« conclut M. Merlin, les tribunaux ne peuvent
« plus, dans un mariage contracté par une per-
« sonne morte civilement, distinguer le *sacre-*
« *ment* du *contrat civil;* ils ne peuvent plus, en
« l'annulant comme *contrat civil*, le maintenir
« comme *sacrement.* »

Il n'est pas un seul de ces raisonnemens qui ne
soit inexact ; et d'abord il n'est pas vrai que l'indissolubilité du mariage ne fut considérée en France
que par rapport au *sacrement.* On avait voulu y
introduire cette fausse doctrine ; mais elle y fut
proscrite solennellement dans la célèbre affaire du
juif Borach Lévi et de Mandel Cerf, sa femme. Il
l'avait épousée à Hagueneau ; il avait depuis abjuré
le judaïsme pour embrasser la religion chrétienne.
Sa femme refusa de venir en France habiter avec
lui. Il demandait à se remarier : on soutenait pour
lui, comme M. Merlin le soutint à la Cour de Cassation, que l'indissolubilité du mariage ne prove-
nait que du *sacrement.* C'était l'opinion de plusieurs canonistes ; mais elle fut proscrite par un
arrêt solennel rendu au parlement de Paris le 2
janvier 1758 (1).

---

(1) Voyez Pothier, *Traité du Contrat de Mariage*, n. 501 et suivans

On tenait donc pour maxime en France, que
l'indissolubilité est le caractère de tous les mariages
de ceux qui n'ont pas reçu la bénédiction ecclésiastique, aussi-bien que de ceux qui l'ont reçue;
en un mot, que ce n'est point le *sacrement* qui
imprime au mariage le caractère de l'indissolubilité (1).

M. Merlin lui-même établit et développe cette
doctrine dans son *Répertoire*, verbo *Mariage*,
sect. 1, § 1, n° 3.

Ce n'est donc point parce que les lois françaises
considéraient le mariage comme sacrement que la
mort civile n'en rompait pas le lien, et ne l'empêchait point de se former; c'est parce qu'outre le
sacrement, elles distinguaient deux choses dans
le mariage, le *contrat naturel* et les *effets civils*
qui en découlaient. Cette doctrine a toujours été
professée par M. Merlin lui-même, avant qu'il eût
entrepris de soutenir et de faire juger la nullité des
mariages contractés par les émigrés. Nous avons
déjà cité le passage de ses questions de droit, verbo
Emigrés, § 3, où il enseigne que, *avant le Code*,
la loi distinguait dans « le mariage deux choses, *le*

Le nouveau Denisart, verbo *Divorce*; Du Parc-Poullain, dans ses *Principes*, t. I, p. 157, n. 52.

(1) « Ce n'est pas parce que le mariage des fidèles a été élevé à la dignité
« de sacrement qu'il est indissoluble ; mais c'est au contraire parce qu'il
« est indissoluble, qu'il a été élevé à la dignité de sacrement, » dit Pothier, *Traité du Contrat de Mariage*, n. 501.

« *contrat* qui était formé par le consentement des
« parties, et *les effets* qui en découlaient.

« *Le contrat tenait uniquement au droit des*
« *gens,* et de même qu'un contrat ordinaire n'est
« point dissous par la condamnation à une peine
« emportant la mort civile de l'une des parties qui
« l'ont souscrit, de même aussi, *avant le Code,*
« le contrat de mariage ne l'était point de plein
« droit par l'émigration ; il en était autrement des
« *effets purement civils,* etc. »

Voilà donc la distinction du contrat naturel et
des effets civils du mariage, indépendamment du
sacrement, bien nettement établie et reconnue par
M. Merlin. Remarquez qu'il soutient même qu'elle
a subsisté jusqu'à la promulgation du Code.

Mais, pour faire annuler le mariage de la demoiselle Marotte, il fallait que cette distinction eût
été abolie bien *avant* le Code, et M. Merlin l'a
soutenu.

Il prétend qu'elle a été abolie dès 1791 par l'acte
constitutionnel qui porte que *la loi ne considère*
le mariage que comme contrat civil. Donc, dit
M. Merlin, le mariage n'étant plus qu'un *contrat*
civil, ne peut plus être contracté par un émigré
mort civilement. Voilà donc M. Merlin en contradiction, en ce qu'il soutient que, depuis 1791, le
mariage n'est plus considéré que comme un *contrat*

civil, tandis que, dans ses Questions de droit, il soutient que, *avant le Code*, et par conséquent jusqu'au Code, on distinguait le *contrat naturel* qui
tenait *uniquement au droit des gens*, des effets purement civils du mariage.

Mais écartons cette contradiction. M. Merlin a
évidemment abusé des mots, en disant que, depuis la Constitution de 1791, la loi ne considère
plus le mariage que comme un *contrat civil*, et
qu'elle ne reconnaît plus le *contrat naturel* ou du
droit des gens.

Personne n'ignore qu'autrefois, en France, tous
les mariages étaient célébrés devant le propre curé
qui était à la fois ministre du contrat au nom de
l'Etat, et ministre du sacrement au nom de l'E-
glise. Cette confusion de deux pouvoirs différens
dans la même personne, en produisit une dans les
idées et dans les principes : on en vint au point
que, depuis l'ordonnance de Blois, on ne reconnut plus pour légitimes et produisant les *effets civils*,
que les mariages contractés en face d'Eglise : on
n'excepta même pas les mariages des protestans et
des non-catholiques qui se trouvèrent ainsi placés
dans la cruelle alternative ou de profaner, par des
conversions simulées, le sacrement auquel ils ne
croyaient point, afin de pouvoir se marier en face
d'Eglise ; ou de compromettre l'état de leurs en-

fans, en contractant devant leurs ministres des mariages frappés d'avance de nullité par les lois existantes.

Des réclamations s'élevèrent de toutes parts, et
l'on reconnut enfin que les institutions civiles et
religieuses qui régissaient le mariage, pouvaient et
devaient être séparées; que le contrat et le sacrement étaient deux choses distinctes dans leur origine et qu'il ne fallait pas confondre. Louis XVI
chargea des magistrats instruits, à la tête des-
quels était le vertueux Lamoignon de Males-
herbe, de rédiger l'édit de septembre 1787,
par lequel il fut reconnu que le *droit naturel* ne
permet pas au législateur de refuser, à ceux qui ne
professent pas la religion catholique, la faculté de
faire constater civilement leurs mariages, afin de
jouir comme tous les autres citoyens des effets civils qui en résultent; ils furent en conséquence
autorisés à se marier devant un officier de justice
civile.

Le contrat fut donc, à l'égard des non-catholiques, séparé du sacrement qui, dans l'origine,
n'y était pas uni. Cependant, la même loi ordonna
que les mariages des catholiques continueraient
d'être tels qu'ils étaient auparavant, et ne pourraient, dans aucun cas, être constatés que suivant
les rits et les usages de la religion, autorisés par les
ordonnances.

Mais l'Assemblée Constituante ayant proclamé
la liberté des cultes, la loi ne pouvait plus, sans
inconséquence, ordonner aux citoyens de faire
bénir leurs mariages suivant les rits d'une religion
particulière. On sépara donc, pour tous les citoyens
indistinctement, le *contrat* du *sacrement*, et la
Constitution de 1791 déclara que « la loi ne con-
« sidère le mariage que comme un contrat ci-
« vil. »

Tel est le véritable sens de cette disposition. Ce
n'est point par opposition au contrat naturel,
comme voudrait l'insinuer M. Merlin en jouant sur
les mots, que la loi ne considère plus le mariage
que comme *contrat civil*, c'est par opposition au
sacrement. Ainsi, depuis 1791, comme auparavant,
on continua de distinguer deux choses dans le
mariage, abstraction faite du sacrement, le contrat qui, comme l'insinue M. Merlin dans ses Questions de droit, *tient uniquement au droit des gens*,
et les effets *purement civils* qui sont *l'ouvrage de
la loi seule*. La mort civile n'empêchait point le
contrat naturel de se former, parce qu'il tient au
droit des gens; elle ne rompait point le lien de ce
contrat avant le Code Civil, et *ce qui le prouve sans
réplique, c'est que l'émigration était rangée, par
la loi du 20 septembre 1792* (et par celle du 24
vendémiaire an 3), *au nombre des causes déterminées du divorce*. Ce sont les propres expressions

de M. Merlin. *Questions de droit*, verbo *Emigré*, § 3.

M. Merlin ne dissimula pas que c'est ici le plus fort raisonnement contre son opinion.

Il prétend, et c'est le fond de sa défense ou de son attaque, que les tribunaux ne peuvent plus, depuis 1791, considérer le mariage que comme *un contrat civil*, sans aucun égard pour le contrat naturel ou du droit des gens qui reste sans sanction, même quant au lien, et qu'ainsi la mort civile rompt ce lien, de même qu'elle détruit les effets *purement civils* du mariage. Or, voilà qu'une loi de ventôse an 3 exige, pour rompre ce lien, un divorce légalement prononcé. Il est donc vrai que la mort civile ne faisait que détruire les effets civils du mariage, et qu'elle n'en rompait pas le lien de plein droit, comme il l'enseigne dans ses Questions de droit. Que répond-il à cela? Employons ses propres expressions, afin qu'on ne nous taxe pas d'avoir affaibli sa réponse :

« Si les mariages contractés avant l'émigration
« n'ont pas conservé leurs effets pendant l'émigra-
« tion, bien certainement.... ils étaient, pendant
« l'émigration, rompus civilement.

« D'où vient donc qu'alors la loi assujétissait
« aux formalités du divorce, l'époux de l'émigré
« qui voulait recouvrer sa pleine liberté, et for-
« mer de nouveaux nœuds ? C'est qu'elle *conser-*

« *vait encore sa sanction au contrat naturel* qui
« est la première base, la base essentielle du ma-
« riage ; c'est qu'elle laissait encore à ce *contrat*
« *naturel* assez de force pour se maintenir, tant
« que le divorce ne viendrait pas le dissoudre. »

Il est bien évident que cette réponse suffit pour
frapper par sa base tout le système de M. Merlin,
puisqu'il convient que, depuis 1791, la loi con-
servait *sa sanction au contrat naturel* du mariage, et que le divorce était nécessaire pour en
rompre le lien. Voici donc une autre réponse à la
question qu'il se fait : Pourquoi la loi assujettissait-
elle aux formalités du divorce, l'époux de l'émigré
qui voulait recouvrer sa pleine liberté ? « C'est,
« dit-il (et il faut ici révéler *le secret de la poli-*
« *tique du Législateur*), parce que la loi voulant
« habituer les Français au divorce, a pensé que,
« pour y parvenir, il fallait en multiplier les
« exemples, et que le moyen le plus sûr d'amener
« des divorces fréquens, et, pour ainsi dire, jour-
« naliers, c'était d'astreindre les époux des émigrés
« qui étaient restés en France, à la règle générale,
« qui, pour faire cesser un mariage légalement
« contracté, n'admet pas d'autre voie que le di-
« vorce. »

Cette réponse se réduit à ceci : Si la loi de vendémiaire an 3 exige le divorce pour rendre la
pleine liberté aux époux émigrés qui étaient

restés en France, ce n'est pas que le Législateur
crût le divorce nécessaire pour rompre le lien du
mariage, c'est qu'il voulait habituer les Français
au divorce. Si ce motif ne se trouve point exprimé
dans la loi, *c'était le secret de la politique du Législateur.* Nous nous abstiendrons de toute ré-
flexion sur cette réponse dont la faiblesse est trop
évidente.

M. Merlin le sentait mieux que personne. Il
essaya donc de se tirer d'embarras par une distinction spécieuse entre les mariages contractés
avant l'émigration, et les mariages contractés pendant l'émigration. Dans le premier cas, il y a eu un
mariage aux yeux de la loi, comme aux yeux de
la nature; la loi civile ne le considère plus quant
aux effets civils, mais elle le maintient comme contrat naturel, parce que, dans le principe, il a eu
son approbation.

Dans le second cas, il n'y a eu de mariage qu'aux
yeux de la nature, il n'y en a point eu aux yeux
de la loi; elle n'a point pris part à sa formation,
elle n'a point donné sa sanction au contrat naturel,
qui seul le constitue. En un mot, il n'est rien
pour elle.

La déclaration de 1639 répond d'avance, d'une
manière péremptoire, à cette distinction, puisqu'elle reconnaît la validité, quant au lien, des
mariages contractés depuis la mort civile, et

qu'elle les prive seulement des effets civils, *si,
avant leur décès, les époux n'ont été remis dans
leur premier état suivant les lois.* Or, le sieur
Griffon et la demoiselle Marotte avaient été remis
dans leur premier état par l'amnistie. Ainsi, pressé
entre la loi de vendémiaire an 3, qui reconnaît
que le lien du mariage contracté avant la mort
civile n'est dissous que par le divorce, et la déclaration de 1639, qui reconnaît valable, quant au
lien, le mariage contracté pendant la mort civile,
et qui lui donne même les effets civils, si les époux
sont remis dans leur premier état suivant les
lois, il semblait difficile à M. Merlin de répondre.
Il le fit cependant, en soutenant avec beaucoup
d'assurance que la déclaration de 1639 ne s'appliquait qu'au cas où l'individu mort civilement avait été condamné par contumace, et
se présentait ensuite, pour être jugé. Voici sa
réponse :

« L'article 6 de la déclaration de 1639, dit-il,
« admet à succéder les enfans nés de mariages
« contractés après des jugemens par contumace,
« emportant peine de mort, lorsque les condam-
« nés ont été, *avant leur décès, remis au même
« état suivant les lois.* Donc, la réintégration du
« condamné par contumace, dans son premier
« état, légitime de plein droit le mariage que ce
« condamné avait contracté pendant la durée de

« sa peine ; donc, par identité de raison, la réin-
« tégration de l'émigré, dans ses droits de ci-
« toyen, doit aussi légitimer le mariage qu'il a
« contracté pendant son émigration.

« Mais, comment, ajoute M. Merlin, un con-
« damné *par contumace* peut-il être remis au
« même état où il était avant sa condamnation ? Il
« ne peut y être remis qu'en se représentant,
« qu'en se constituant prisonnier.

« Le sens de l'art. 6 de la déclaration de 1639
« est donc *uniquement* que le mariage contracté
« par un condamné à mort *par contumace*, de-
« vient valable, quant à tous ses effets civils, lors-
« que le condamné se présente pour être jugé
« contradictoirement. Il n'est pas étonnant qu'en
« ce cas, son mariage, nul dans son principe,
« soit validé de plein droit ; c'est qu'alors il est
« réputé n'avoir jamais été condamné par contu-
« mace ; c'est qu'alors sa représentation anéantit
« sa condamnation, non, comme disent les juris-
« consultes, *ut ex nunc* mais *ut ex tunc*.

« Mais en est-il de même de l'émigré qui a
« obtenu un brevet d'amnistie ? Non, assurément.
« Le brevet d'amnistie fait bien cesser la mort ci-
« vile de l'émigré, mais il n'empêche pas que l'é-
« migré n'ait été mort civilement pendant tout le
« temps qu'a duré son émigration ; et, en deux
« mots, la représentation des condamnés par con-

« tumace a un effet rétroactif ; le brevet d'am-
« nistie n'en a point. »

Cette réponse que nous avons copiée pour évi-
ter le soupçon de l'avoir affaiblie, pèche par son
fondement. Il n'est pas vrai que l'art. 6 de la déclaration de 1639 s'applique *uniquement* aux condamnés *par contumace*, qui se représentent pour
être jugés contradictoirement. Elle s'applique d'a-
bord et principalement à ceux qui ont été condamnés contradictoirement, et qui ont ensuite été
remis en leur premier état. La preuve en est dans
le texte même de la loi qui porte, art. 6 :

« Voulons aussi que la même peine (d'incapa-
« cité de succéder) ait lieu contre les enfans pro-
« créés par ceux qui se marient après avoir été
« *condamnés* à mort, *même* par les sentences de
« nos juges, rendues par défaut, si, avant leur dé-
« cès, ils n'ont été remis en leur premier état sui-
« vant les lois. »

Si la loi s'applique aux condamnés, même par
contumace ou par défaut, elle s'applique donc
d'abord aux condamnés contradictoirement. Ces
expressions *même par défaut,* ne sont manifestement ajoutées que pour empêcher de soutenir que
la loi et la peine qu'elle prononce, ne s'appliquaient
qu'aux condamnations contradictoires, et non aux
condamnations par contumace. Cela est évident :
personne n'en a jamais douté, et le plus sûr, le

plus suivi de nos canonistes, d'Héricourt, que nous avons cité plus haut, s'en explique positivement. « Ceux, dit-il, qui sont morts civilement, « ayant été condamnés, ou *contradictoirement,* ou « par *contumace,* à une peine qui emporte la mort « civile, peuvent se marier valablement, etc. etc. »

M. Merlin est le premier qui, pour se tirer d'embarras, ait prétendu limiter l'effet de la loi aux condamnés par contumace.

Il n'est point encore vrai que les condamnés ne pussent être remis dans leur premier état, qu'en les représentant à la justice. La mort civile pouvait cesser de deux manières, par lettres du Prince, ou par la loi. Celui qui obtenait des *lettres d'abolition* rentrait dans tous ses droits, cessait d'être mort civilement, et redevenait pleinement citoyen, dit Richer, *Traité de la Mort civile,* p. 520.

Les *lettres de pardon* dûment entérinées relevaient de la mort civile, si elle avait été encourue, et de *tous ses effets. Ib.,* 522.

Les lettres de *rappel de ban,* qui ont une analogie parfaite avec l'amnistie accordée aux émigrés, rendent la vie civile à celui qui l'avait perdue par la condamnation au bannissement perpétuel; puisqu'elles *font cesser la peine, elles font nécessairement cesser l'effet,* dit encore Richer, p. 523.

Il n'est donc pas vrai que la mort civile, même du contumace, ne peut cesser que par sa représentation à la justice. Il n'est donc pas vrai que son mariage, *nul dans son principe*, ne soit validé que par l'effet rétroactif de son rétablissement. C'est uniquement parce que le mariage contracté pendant la mort civile était *valable* dans son principe, comme dit d'Héricourt, et parce que la privation des effets civils, n'étant qu'accidentelle, devait cesser avec sa cause. Ajoutez à cela que les émigrés n'étant pas morts civilement en pays étranger, le mariage qu'ils y ont contracté ne peut être considéré comme contracté en état de mort civile.

Mais, répond M. Merlin, prétendre que le mariage contracté par les émigrés en pays étranger doit être valable partout, parce qu'ils n'étaient pas morts civilement dans le lieu où il a été célébré, *c'est se jouer de tous les principes, c'est fronder les maximes les plus constantes du droit public.*

Nous pensons, au contraire, que c'est en faire la plus juste application. Les émigrés, bannis de France à perpétuité, n'étaient plus citoyens français : ils étaient étrangers pour la France. Ils ont donc pu, comme les étrangers, contracter un mariage suivant les lois de leur nouvelle patrie. Comment soutenir que ces mariages, valables et

légitimes chez l'étranger et dans tout le reste
du monde, deviennent nuls par leur rappel en
France ? que les enfans qui en sont nés, légitimes
dans le reste de l'univers, ne sont en France que
des enfans naturels ? qu'ils n'y peuvent rentrer
sans perdre leur légitimité et devenir bâtards ?

Mais, dit M. Merlin, les condamnés pour crime
à une peine emportant la mort civile n'étaient pas
autrefois morts en pays étranger ; cependant les
mariages qu'ils y contractaient n'étaient pas valables en France : *jamais l'esprit de système ne
s'est enhardi jusqu'à tirer une conséquence aussi
monstrueuse.*

Donc, *à pari*, le mariage contracté par les émigrés n'est pas valable en France.

Il n'y a d'imposant dans ce raisonnement que
l'assurance avec laquelle il est avancé. Quand on
voit un raisonneur aussi fort que M. Merlin s'a-
baisser à la déclamation, on peut être bien assuré
qu'il est rendu. Ce n'est point l'*esprit de système*
qui a établi que les mariages contractés par des
condamnés pour crime à une peine emportant la
mort civile, sont valables quant au lien ; c'est la
loi même qui en reconnaît la validité ; ce sont les
conséquences justes et naturelles qu'en ont tirées
tous les auteurs.

Enfin, pour établir la nullité des mariages con-

tractés pendant l'émigration, M. Merlin invoqua
le procès-verbal des conférences tenues au Conseil-d'Etat, sur la discussion du Code ; mais il passa
prudemment sous silence la discussion de l'art. 25,
relatif aux effets de la mort civile, dans les séances
des 16 et 24 thermidor an IX ; discussion de laquelle il résulte, comme nous l'avons fait voir plus
haut, qu'on rejeta l'opinion de ceux qui voulaient
que la mort civile rompît le lien du mariage et
l'empêchât de se former. Le voile qu'étendit
M. Merlin sur cette importante et décisive discussion, prouve assez combien il sentait la difficulté
d'y répondre ; mais il eut recours à un artifice assez
adroit pour donner le change aux magistrats qui
l'écoutaient. Il invoqua, comme siége de la matière, la discussion de l'article 16, qui avait eu lieu
dans les séances des 6 et 14 thermidor an IX.

Cet article porte aujourd'hui : « Tout enfant né
« d'un Français en pays étranger est Français.
« Tout enfant né en pays étranger d'un Français
« qui aurait perdu la qualité de Français, pourra
« toujours recouvrer cette qualité, en remplissant
« les formalités prescrites par l'article 9, » c'est-
à-dire, en faisant sa soumission de fixer son domicile en France.

Dès ici, l'on voit d'avance que, dans la discussion de cet article, il ne pouvait guère être ques-

tion de la validité du mariage des émigrés, de leur capacité ou incapacité de contracter un mariage pendant l'émigration.

Dans la séance du 6 thermidor, page 16 du procès-verbal, M. Boulay, au nom de la commission de législation, proposa ainsi la rédaction de cet article :

« Tout enfant, né en pays étranger, d'un Fran-
« çais, est Français. Celui, né en pays étranger, d'un
« Français qui avait abdiqué sa patrie, peut tou-
« jours recouvrer la qualité de Français, en faisant
« la déclaration qu'il entend fixer son domicile
« en France.

« Cette déclaration doit être faite sur le re-
« gistre de la commune où il vient s'établir. »

Page 20, M. Duchâtel attaqua la seconde partie de l'article ; il s'opposa à ce que le fils d'un Français qui a abdiqué sa patrie, soit considéré comme Français. Il se fonda sur ce que celui qui est né d'un père qui n'est plus Français, ne peut être qu'un étranger soumis aux conditions imposées aux étrangers, pour acquérir la qualité de Français qu'on ne peut tenir d'un père qui l'a perdue.

Cette opinion fut combattue, et rien ne fut arrêté.

Dans la séance du 14 thermidor an 9, la discussion se renouvela sur le même article. M. Berlier,

observa, page 42, que l'enfant, né en pays étranger, d'un père qui avait abdiqué la France, n'est
pas Français, mais étranger. La conséquence était
qu'il ne pouvait *recouvrer* la qualité de Français,
mais seulement l'acquérir en suivant le mode établi pour les étrangers. C'était principalement
contre les enfans d'émigrés que se dirigeait l'opposition. M. Berlier observait qu'il serait peut-être
plus prudent de ne les admettre à devenir Français
que suivant le mode établi pour les étrangers.

La question était donc de savoir, non pas si ces
enfans étaient légitimes, non pas si les mariages
de leurs pères et mères étaient valables, mais s'ils
devaient être considérés comme Français d'origine
ou étrangers. Il s'agissait, disait M. Boulay, p. 42
et 43, de distinguer de l'étranger, l'enfant né depuis l'abdication de son père ; distinction qu'il
trouvait juste ; *car le fils ne doit pas porter la
peine d'une abdication à laquelle il n'a pas con-
couru.*

D'autres membres voulaient rejeter cette distinction par haine contre les émigrés.

Le premier Consul demanda ce qu'était aujour-
d'hui le fils d'un émigré, et s'il succède.

Le Consul Cambacérès dit que le fils né dans
l'étranger, *depuis l'émigration*, n'est point Français, parce qu'il sort d'un père frappé de mort ci-

vile, et qui dès lors n'a pas pu lui transmettre une qualité qu'il n'avait plus. Le fils suit la condition de son père, etc.

Remarquons bien qu'il s'agissait si peu de prononcer sur la validité des mariages contractés par les émigrés, que la distinction que l'on proposait de faire entre les enfans nés avant l'émigration *et les enfans nés depuis l'émigration,* ne s'appliquait qu'aux enfans nés d'un mariage contracté *avant l'émigration*; les enfans, nés de ce mariage avant l'émigration, auraient conservé la qualité de Français d'origine; les enfans, nés depuis dans l'étranger, ne l'auraient jamais eue. Leur père qui l'aurait perdue, n'aurait pas pu la leur transmettre. C'est uniquement sur ce point que roulait la discussion.

Le premier Consul dit, page 44, que, pour décider la question, il convient de se fixer d'abord sur le point de savoir si l'enfant né d'un émigré *depuis son émigration,* doit être considéré comme le fils d'un Français qui a abdiqué sa patrie, ou comme le fils d'un individu mort civilement. Car, dans ce cas, la disposition de l'article ne s'appliquerait pas aux enfans d'émigrés, c'est-à-dire qu'ils ne seraient pas *Français d'origine.*

Le conseil fut d'avis que les émigrés doivent être considérés comme morts civilement.

Le premier Consul en conclut que la loi ne peut

reconnaître pour ses enfans que ceux qui existaient *au moment de l'émigration.*

M. Regnault demanda que ce principe fût énoncé dans la loi, parce que, dans l'usage, on tient *pour valable* le mariage contracté *par l'émigré depuis son émigration*, et que les enfans qui en naissent, sont regardés comme légitimes. Cette énonciation ne fut point faite; mais le principe de la validité du mariage contracté depuis l'émigration ne fut pas contesté.

Le consul Cambacérès proposa une nouvelle rédaction en ces termes : « Tout individu, né en « pays étranger, d'un Français qui aurait abdiqué « sa patrie, pourra toujours recouvrer la qualité « de Français, en faisant sa déclaration qu'il entend « fixer son domicile en France. »

C'est cette rédaction qui a passé dans l'article 10 du Code. Elle avait pour objet, suivant le consul Cambacérès, d'empêcher qu'on ne donnât au Code un effet rétroactif : « La loi ne disposant que pour « l'avenir, disait-il, le sort des Français non émi- « grés qui sont actuellement chez l'étranger, se « trouvera réglé par les anciens principes; le Code « civil ne pourrait changer leur condition. »

Il est bien évident, par cette discussion, que la question de la validité du mariage des émigrés ne fut ni agitée, ni résolue dans ces séances; et l'on

peut être surpris d'entendre M. Merlin s'écrier
d'un air de triomphe : « Conçoit-on, d'après cela,
« comment pourrait être légitime le mariage qui
« a été contracté le 16 mai 1796, entre le sieur
« Griffon et la demoiselle Marotte ? »

Ce qui est inconcevable, c'est qu'un juriscon-
sulte de la force de M. Merlin ait cru voir, dans
cette discussion, que le mariage, contracté depuis
l'émigration, est nul quant au lien; ce qui est également inconcevable, c'est qu'il ait passé sous silence la discussion de cette dernière question agitée dans les séances des 16 et 24 thermidor, dont
nous avons rapporté ci-dessus les résultats.

Enfin, et c'est ici sa dernière objection, M. Merlin prétend qu'un avis du Conseil-d'Etat, approuvé
le 26 fructidor an 13, reconnaît qu'avant la réintégration des émigrés dans leurs droits de citoyen,
ils n'ont pas pu se marier; que les mariages contractés par eux avant le sénatus-consulte du 6 floréal an 10, ne peuvent être regardés que comme
nuls, comme ne produisant aucun effet civil.
Voyons si M. Merlin est plus heureux dans la conséquence qu'il tire de cet avis, que dans celle qu'il
a tirée de la discussion de l'art. 16 du Code.

Le Conseil-d'Etat était consulté sur deux questions. Première question : « Les émigrés amnistiés
« par le sénatus-consulte du 6 floréal an 10 sont-
« ils censés réintégrés dans leurs droits civils, à

« dater de cette époque, ou seulement de celle de
« leur certificat d'amnistie ? »

Seconde question : « Les contestations qui peu-
« vent avoir lieu entre eux et leurs parens répu-
« blicoles sur les successions ouvertes dans cet in-
« tervalle, sont elles de la compétence de l'auto-
« rité administrative ? »

La première question était très-importante pour
les émigrés amnistiés et pour leurs enfans. Les certificats d'amnistie ne furent délivrés souvent que
plusieurs années après le sénatus-consulte.

Dans cet intervalle, il était échu des successions
aux émigrés à qui l'amnistie était promise. Plusieurs étaient décédés avant d'avoir reçu leurs certificats; plusieurs encore laissaient des enfans nés
de mariages contractés depuis. Il ne s'agissait pas
de savoir si ces mariages étaient valables ou non ;
mais uniquement de savoir à qui devaient appar-
tenir les successions ouvertes dans l'intervalle du
sénatus-consulte et de la délivrance des certificats
d'amnistie. Voici ce que le conseil décida :

« Considérant, sur la première question, que le
« sénatus-consulte a établi entre la personne et les
« biens de l'amnistié une distinction dont il con-
« vient de faire ici l'application; que l'article, en
« rendant aux amnistiés leurs droits de citoyen,
« peut bien faire considérer *comme valables les*
« *mariages et autres contrats civils* qu'ils ont faits

« depuis le sénatus-consulte, mais sans déroger à
« l'art. 13 qui ne les considère comme réintégrés
« dans leurs biens que pour les parties exceptées de
« la confiscation, et ne leur en attribue les fruits que
« du jour de la délivrance de leur certificat d'am-
« nistie ; »

« Est d'avis que les actes de l'état civil et autres
« que l'amnistié a pu faire depuis le sénatus-con-
« sulte du 6 floréal an 10, quoique antérieurement
« à la délivrance de son certificat d'amnistie, sont
« valables *quant aux capacités civiles*, mais sans
« dérogation à l'article 17 du même sénatus-con-
« sulte, concernant ses biens et *droits y relatifs.*

Ainsi, les mariages contractés depuis le sénatus-
consulte, mais avant la délivrance du certificat
d'amnistie, *sont valables quant aux capacités civiles*, c'est à-dire, qu'ils produisent *tous les effets
civils*, droits de communauté pour les époux,
droits de successibilité pour les enfans, mais sans
déroger à l'article 17 qui ne rend aux amnistiés
leurs biens et *droits y relatifs*, que du jour de la délivrance du certificat d'amnistie. Ainsi, les enfans
issus de ces mariages n'auront pas aux successions
ouvertes avant cette délivrance plus de droits, que
n'en avait leur père décédé avant cette dernière
époque.

Quant aux mariages contractés avant le sénatus-
consulte et pendant l'émigration, le conseil ne s'en

occupa pas, parce qu'ils restent dans l'état où ils étaient par la législation antérieure, *valables* quant au lien, mais *privés des effets civils* jusqu'à l'entier rétablissement des époux dans leurs droits civils et dans leurs biens.

Il est vraiment étonnant que M. Merlin ait cru pouvoir conclure de cet avis que le conseil reconnaissait comme nuls, quant au lien, les mariages contractés pendant l'émigration.

Ainsi discutés et examinés l'un après l'autre, tous les moyens, toutes les objections de M. Merlin nous paraissent d'une faiblesse évidente : cependant il les exposa avec tant d'art et d'assurance à la Cour de Cassation, qu'elle les accueillit, et cassa l'arrêt de la Cour de Liége par un arrêt du 16 mai 1808, rapporté dans le *Répertoire*, 3ᵉ édit., verbo *Mariage*, section 3, § 1, n° 3, à la suite du Plaidoyer de M. Merlin.

Nous croyons avoir établi 1° que, suivant les lois anciennes, suivant les lois intermédiaires, et enfin, suivant le texte et l'esprit du Code, la mort civile des émigrés ne rompt point le lien du mariage, et ne l'empêche pas de se former ; que les mariages des individus frappés de mort civile, valables quant au lien, produisaient et produisent les effets civils par le rétablissement des époux dans leur premier état, ou dans leurs capacités civiles.

2° Qu'aucun des motifs sur lesquels est fondé

l'arrêt du 16 mai 1808 qui a jugé nuls, quant au lien, les mariages contractés par les émigrés pendant leur mort civile, ne peut soutenir l'examen de la raison. D'où il faut conclure que cet arrêt solitaire, contraire aux lois et aux principes, ne peut servir de règle aux tribunaux.

La démonstration nous paraît complète.

Nous ne devons pas dissimuler, en finissant, qu'un savant magistrat, M. le procureur-général actuel près la Cour de Cassation, dans le Plaidoyer sur lequel fut rendu l'arrêt du 15 février 1816, dans l'affaire du mineur Alfred d'Orsay, au lieu de combattre la décision de l'arrêt du 16 mai 1808, la déclara *conforme aux principes;* il faut bien remarquer qu'il n'avait point à traiter en point de droit la validité du mariage des émigrés pendant la mort civile, mais seulement la question de savoir si la bonne foi de la demoiselle Franquemont, allemande de nation, qui avait épousé, à Francfort-sur-le-Mein, le baron d'Orsay, émigré, ne donnait pas à l'enfant issu de ce mariage tous les effets attribués par la loi aux mariages *putatifs*, et par conséquent le droit de succéder à la dame de Trasseguies, sa tante. C'est de ce point que dépendait le succès de l'affaire : ce fut aussi celui que traita M. le procureur-général. Il ne fit qu'effleurer ou plutôt indiquer l'autre question. La question de bonne foi fut aussi la seule à laquelle s'attacha, la seule que décida la Cour de Cassation ; elle considéra que « la bonne foi de l'un des époux a « de tout temps (1) constitué la légitimité des en- « fans issus d'un mariage putatif, etc.

« Qu'il a toujours été également de principe que « la légitimité des enfans est indivisible, et que la « légitimité est la source de la successibilité, etc. »

On ne peut donc argumenter de ce nouvel arrêt contre la validité du mariage contracté par les émigrés en pays étranger, et nous osons penser que, si la question se présentait une seconde fois à la Cour de Cassation, si elle y était aujourd'hui soumise à un nouvel examen, elle y serait décidée affirmativement, conformément aux lois et aux principes. En attendant, c'est un devoir pour les Cours royales et pour les Tribunaux, de demeurer attachés aux vrais principes et à la loi.

Délibéré à Rennes, le 1er mai 1817.

MM. TOULLIER,
MALHERBE,
CORBIERE,
LESBAUPIN,
CARRÉ,
VATAR.

(1) L'arrêt est rapporté par Sirey, an 1816, p. 81.

ADRIEN EGRON, IMPRIMEUR
DE SON ALTESSE ROYALE MONSEIGNEUR DUC D'ANGOULÊME,
rue des Noyers, n° 37, à Paris.

Ouvrages nouveaux, *publiés en* 1817, *qui se trouvent chez les Libraires désignés au frontispice de cette* Consultation.

Régime hypothécaire, ou Commentaire sur le XVIII⁰ titre du livre III du Code Civil, relatif aux priviléges et hypothè ques, etc. ; par M. Persil, avocat à la Cour royale de Paris, et docteur en droit, deuxième édition. 2 vol. in-8, 12 fr. br. et 15 fr. francs de port.

Traités des Servitudes, ou Services fonciers, quatrième édition, corrigée et augmentée; par M. Pardessus, avocat à la Cour royale, professeur du Code de Commerce à la Faculté de Droit de Paris. 1 vol. in-8ᵉ de 616 pages, 6 fr. 50 c. br., et 8 fr. 40 cent. franc de port.

Lois des Bâtimens, ou le Nouveau Desgodets, traitant, suivant les Codes civil et de procédure, les servitudes en général, et particulièrement l'écoulement des eaux, le bornage, les clôtures, les murs mitoyens, les réparations, etc. etc.; par M. Le Page, ancien avocat. 2 vol. in-8°, br., 9 fr., et 11 fr. 50 cent. francs de port.

Observations sur quelques Coutumes et Usages de Provence, recueillis par Jean de Bomy. Essais sur la simulation, sur la séparation des patrimoines, sur les obligations de la femme mariée et l'autorisation maritale; par M. J. Dubreuil, avocat, ancien assesseur d'Aix et procureur du pays de Provence; *Aix*, 1815. in-4°—Analyse raisonnée de la Législation sur les eaux, pour servir de suite aux observations; par le même; *Aix*, 1817. in-4°, prix des deux vol. br., 12 fr., et francs de port 16 fr.

Sous presse pour paraître en janvier 1818. *Lettres sur la Profesison d'avocat*, et Bibliothèque choisie des Livres de Droit, qu'il est le plus utile d'acquérir et de connaître; par M. Camus, ancien avocat, garde des Archives, membre de l'Institut, et du Conseil d'Administration des Hospices. *Quatrième édition* entièrement refondue et augmentée d'un grand nombre de pièces, et d'articles dans le Catalogue; par

M. Dupin, docteur en Droit, et avocat à la Cour royale de Paris. 2 vol. in-8º.

Le prix en sera fixé lorsque l'ouvrage sera entièrement imprimé.

Autres Ouvrages de Fonds, *publiés par* B. Warée *oncle, où dont il est possesseur.*

J. G. Heineccii Recitationes in elementa juris civilis secundum ordinem institutionum ; edidit A. M. Dupin ; notæ et observationibus quibus textus vel explanatur, vel emendatur, vel illustratur ; quibusque sedula ac perpetua romanarum et gallicarum legum collatio continetur. 2 vol. in-8º, br. 9 fr., et avec le grand Tableau généalogique gravé, enluminé et imprimé sur une feuille de papier colombier, 10 fr. 25 cent., et francs de port, 13 fr. 50 cent.—Le Tableau se vend, séparément, 3 fr.

Traité du Voisinage, considéré dans l'ordre judiciaire et administratif ; par M. Fournel, troisième édition. *Paris*, 1812. 2 vol. in-8º, br. 11 fr., et 14 fr. francs de port.

L'ouvrage de M. Fournel, ceux de MM. Delvincourt, Toullier, Dubreuil, et une partie du tome VII de l'Esprit du Code civil, par M. Locré, sont les seuls où la matière des servitudes ait été l'objet d'un travail de quelque étendue, depuis la publication du Code civil. *Voyez* M. Pardessus, dans son Avertissement sur la quatrième édition de son *Traité des Servitudes.*

Les Lois civiles dans leur ordre naturel, le Droit public et le *legum Delectus;* par Domat. Dernière et bonne édition de *Paris*, 1777. 2 tomes en un vol. in-fol. br. 16 fr., et relié 21 fr.

Œuvres de Cl. Henrys, avec des Observations; par Bretonnier. Dernière édition. *Paris*, 1772. 4 vol. in-fol. brochés, 50 fr., et reliés 70 fr.

Nouvelle Traduction des Institutes de Justinien; par Cl. Joseph de Ferrière. *Paris*, 1787. 7 vol. in-12, br. 15 fr., et reliés 20 fr.

membres de la maison de ... reprend ses titres. La nouvelle ... Légion d'honneur est ... tives. Le Roi déterminera la déco...

... lois peuvent être également proposés dans ... Corps-législatif.

... aux contributions ne peuvent l'être que dans ...

... également les deux corps à s'occuper ... convenable.

... sanction du Roi est nécessaire pour le complètement ...

... cinquante sénateurs au moins, et deux ...

... inamovible et héréditaire de mâle en ... Ils sont nommés par le Roi.

... actuels, à l'exception de ceux qui renon... de citoyens français, sont maintenus et ...

Le jugement d'un ... , accusé, appartient exclusivement au sénat.

14. Les ministres peuvent être membres, soit du sénat, ... du corps-législatif.

15. L'égalité de proportion dans l'impôt est de droit. ... et par le sénat. L'impôt ... être établi que pour un an ... l'année suivante et les comptes de l'année précédente, sont présentés chaque année au corps-législatif et au sénat, à l'ouverture de la session du corps-législatif.

16. La loi déterminera le mode et la quotité du recrutement de l'armée.

17. L'indépendance du pouvoir judiciaire est garantie. Nul ne peut être distrait de ses juges naturels.

L'institution des jurés est conservée, ainsi que la publicité des débats en matière criminelle.

La peine de la confiscation des biens est abolie.

Le roi a le droit de faire grâce.

18. Les cours et tribunaux ordinaires actuellement existans sont maintenus; leur nombre ne pourra être diminué ou augmenté qu'en vertu d'une loi. Les juges sont à vie et inamovibles, à l'exception des juges de paix et des juges de

---

... avec les Bulletins nous parlaient encore ... a s'ouvrir que dans la matinée du ... à la vue des scènes déchirantes dont les boulevarts étaient ... mal, théâtres les paisibles remparts, naguères embellis d'é... , de femmes élégantes, de tout ce cortège, de tous ... du luxe et des plaisirs, étaient en ce moment couverts de soldats blessés, de villageois abandonnant leur ferme ou leur chaumière, et traînant avec eux les derniers débris de leur chétive fortune ... des charrettes où quelques boîtes de foin et de paille servaient de lit à des familles entières; là, des troupeaux de moutons, de vaches, que conduisait sous son bâton leur maître expatrié, plus ...

La postérité se refusera sans doute à croire ou du moins à comprendre qu'une armée de deux cent mille hommes soit arrivée à deux lieues de cette immense capitale, sans que ses habitans en fussent autrement instruits que par le bruit du canon et de la générale que l'on battit le 30 mars, à quatre heures du matin, dans tous les quartiers de la ville.

A ce signal, je suis sûr d'un lit où je ne dormais pas; mes préparatifs avaient été faits la veille; j'endosse un vieil habit de ratine bleue, qui ne ressemblait pas mal à un uniforme; je charge mon épaule d'un fusil de Pauly, je couvre mon chef d'un bonnet fourré à la polonaise; et, dans cet attirail je me mets en campagne; l'effroi était à son comble dans tous les quartiers de cette vaste capitale; le tambour appelait le garde national ...